ÉLOGE FUNÈBRE

DE M. PADE,

CURÉ DE SAINT-AMBROIX.

I.

« Saisi du même effroi que les fidèles qui
» s'approchent des saints mystères, je crai-
» gnais de toucher à l'éloge de cet homme
» sacré, avant d'avoir purifié ma voix et mon
» cœur. »

(*Eloge funèbre de saint Bazile*, par saint Grégoire-de-Nazianze.)

II.

« Chacun choisit l'endroit qui lui paraît le
plus éclatant dans une si belle vie ; tous
entreprennent son éloge ; et chacun, s'inter-
rompant lui-même par ses soupirs et par ses
larmes, admire le passé, regrette le présent
et tremble pour l'avenir. »

FLÉCHIER, *oraison funèbre de Turenne.*

PRIX : 50 CENTIMES.

𝔖𝔢 𝔳𝔢𝔫𝔡 𝔞𝔲 𝔭𝔯𝔬𝔣𝔦𝔱 𝔡𝔢𝔰 𝔓𝔞𝔲𝔳𝔯𝔢𝔰.

NISMES.

IMPRIMERIE BALLIVET ET FABRE,
RUE DE L'HÔTEL-DE-VILLE, 11.

1842.

ÉLOGE FUNÈBRE

DE M. PADE,

CURÉ DE SAINT-AMBROIX.

I.

Oui, toi vivant, un jour, esquissant ton portrait,
    Je t'ai loué sans te connaître ;
Tes amis ont pourtant retrouvé chaque trait,
    Je t'aurai deviné peut-être.

Je t'aurai deviné, comme, au soleil couchant,
    L'amant rêveur ou le poète,
Guidé par ses parfums, devine, en s'approchant
    Et sans la voir, la violette.

Oui, tes douces senteurs, baume de ton désert,
    Ont pénétré jusqu'à mon ame (1),
Et l'œil de mon esprit, sur ta lampe entr'ouvert,
    S'est illuminé de sa flamme.

Comme le feu grégeois, inextinguible agent,
    Il embrase sans fin mon être
Des mêmes sentimens que l'apôtre saint Jean
    Eprouvait pour son divin maître.

Voilà pourquoi j'ai vu la grâce sur ton front (2)
    Et la bonté dans ton sourire ;
Pourquoi ta vie, aussi, vierge de tout affront,
    Comme un secret penchant m'attire.

---

(1) « Un homme franc et honnête est, en quelque sorte, comme celui qui a quelque senteur. » (Marc Aurèle).
(2) *Decorem indutus est.* Psal. XCII. I.

Peut-être un souvenir de la naïve foi
Qui s'attachait à mon enfance,
Aux lieux témoins de mon berceau, m'unit à toi,
Comme ma dernière espérance !

II.

O malheur ! quand, jaloux de lire dans ton cœur,
Je quitte le sillon qui tient mes pas esclaves,
Déchirant tes entraves,
Tu t'es précipité dans les bras du Seigneur.

Va, ne t'irrite point, si ma main téméraire
Jette sur ton tombeau de l'encens et des fleurs ;
Compte dans ton suaire
Ce que pour toi mes yeux ont répandu de pleurs.

Soyons, malgré la mort, la chaîne orientale
Dont les anneaux étroits, par la force brisés,
Par une force égale
Tendaient à réunir leurs contours divisés.

III.

Combien sa vie est courte (1), en même temps si pleine !
L'œil fixe, qui pourrait la suivre pas à pas ?
Son ame fut fermée à l'envie, à la haine,
Et ses bienfaits dans l'ombre, il ne les comptait pas.

J'aime à le comparer au savant saint Ambroise,
Patron, dont, glorieux, nous sommes les enfans :
Tous deux peuvent lutter d'une façon courtoise
Et, sans être vaincus, devenir triomphans.

Sur le berceau de l'un, voltigeant, des abeilles
Entrèrent dans sa bouche, et, comme pour Platon,
Présageant à la cour ses futures merveilles,
De sa douce éloquence augurèrent le ton.

---

(1) Mort, comme Pascal, à 39 ans.

L'autre, comme le Christ, eut un berceau modeste,
Il trouva des cailloux sur son rude chemin,
Mais Dieu lui mit au cœur une flamme céleste
Qui l'embrasa toujours de l'amour du prochain.

L'exemple d'une mère et d'une sœur chrétienne
Dans Ambroise échauffa l'ardeur de la vertu ;
Type des orateurs, muse virgilienne,
Il fut, auprès des grands, d'insignes revêtu.

Si Pade auprès des siens ne trouva pas d'exemples,
Il fut toujours fidèle à l'amour filial ;
Du Seigneur qui l'aimait il illustra les temples,
Et trouva le moyen, pauvre, d'être loyal.

Ambroise, sur ton front coule l'eau du baptême ;
Les ordres, tu les suis, comme un brillant degré ;
Humble, tu veux en vain repousser le saint chrême,
Oui, tu dois être évêque, et te voilà sacré !

A des destins si beaux, l'astre de ta naissance,
O Pade, enfant de Dieu, ne te promit jamais ;
De l'Eglise, homme mûr, si tu fus l'espérance,
Du séminaire, enfant, tu doublas les succès.

Ambroise pour son peuple offrant le sacrifice,
Par ses larmes sauvant la vie aux malheureux,
Dans la frugalité trouva son seul délice
Et fut l'œil de l'aveugle et le pied du boîteux (1).

Du Christ, mort sur la croix, humble et simple vicaire,
Pade n'approcha pas du toît des souverains,
Mais son cœur vaste avait bien autre chose à faire :
Pour de pieux combats il se ceignait les reins.

—————

(1) *Oculus fui cœco et pes claudo.* (Job. 29. 12.)

Dans tes courses, combien ta main sèche de larmes,
Ambroise, et de captifs, combien sont rachetés !
Et combien, à ta voix, séduits par tant de charmes,
D'ariens, à l'envi, par l'Eglise allaités !

Et toi, Pade, combien ta douceur exemplaire
A ramené de cœurs dans le vice engagés !
Combien de fois, prenant les vautours dans leur aire,
En colombes, dis-moi, ta main les a changés !

Milan, du grand Ambroise enferme la dépouille ;
Pade est dans une fosse obcure et sans honneurs ;
Pourtant, jamais l'oubli n'attachera sa rouille
Au nom cher et sacré qui vivra dans nos cœurs.

IV.

Un soir, quand le sommeil a fermé ses paupières,
Qu'il promène, en rêvant, dans la cité de Dieu,
Et que, jointes, ses mains attestent les prières
Que sa bouche exhalait, comme un céleste adieu,
D'une si sainte vie admirateur sincère,
Un troupeau de chrétiens que sa grace a touché,
Par un instinct sublime à sa porte attaché,
De sa naissance, en chœur, chantait l'anniversaire.

Ils ne se doutaient pas, dans leur naïf orgueil,
Qu'à peine parcouru le cercle de l'année,
Veuve de son pasteur, hélas ! l'Eglise en deuil
A pleurer sans espoir d'avance est condamnée !
Ils ne se doutaient pas qu'ils heurtaient un cercueil !

«N'es-tu pas, disaient-ils, la colonne enflammée
    Dans la nuit de notre désert,
Et ne nous faut-il pas, fiers de ta renommée,
    Mettre ton cœur à découvert?

» Enfant prédestiné , comme une chaste lyre ,
  Tu mis ton ame aux mains de Dieu ;
Sous son souffle , ton cœur ne s'ouvre et ne s'inspire
  Que pour les beautés de saint lieu.

» Vain , te vit-on jamais te complaire en ton œuvre,
  Comme ce roi superbe...? (1) oh ! non :
De ta gloire naissante , admirable manœuvre ,
  Au ciel tu demandes pardon.

» Aux pieds des saints autels ton ame recueillie
  Trouve , sublimes attributs !
Et le désert de Jean et le Carmel d'Elie
  Et la montagne de Jésus.

» Ce que le monde fuit est, pour ton cœur si tendre,
  Le constant objet de ton choix ;
Ta force est ta douceur , et tu nous fais comprendre
  Le charme secret de la croix.

» Comme le pur froment , ta suave parole
  Germe dans nos cœurs satisfaits ,
Et de ton front serein la splendide auréole
  Brille à l'éclat de tes bienfaits.

» De la manne et du sel nourrissant tes ouailles
  Pour qui, toujours, tu compâtis,
Guidés par Dieu , tes doigts font tomber les écailles
  Des yeux des Saül convertis (2).

» Du sentiment éteint tu ranimes les flammes,
  Instrument de promission ;
Ta piété brûlante a retrempé nos ames
  Dans la piscine de Sion ;

---

(1) Nabuchodonosor.
(2) Act. C. 9. V. 18.

» De flots d'huile et de vin qui baigne les blessures ?
    Au voyageur qui tend la main ?
Et qui des cœurs méchans efface les souillures ?
    C'est Pade.... ou le Samaritain (1).

» L'envie, à ton aspect, laisse tomber ses armes,
    Celui qui souffre est consolé ;
A la religion tu fais trouver des charmes :
    À toi le ciel s'est révélé.

» Du droit et du devoir, au penchant de l'abîme,
    Tu rétablis les fondemens ;
Ta présence ramène à la vertu le crime
    Et désarme les jugemens.

» Ton œil voit, chaste et pur, par-dessus toute chose,
    La voie où le ciel aboutit ;
Et, quand chaque pygmée à grandir se dispose,
    Toi grand, tu veux être petit.

» Ton travail est ici, là-haut, ta récompense ;
    Ta souffrance est félicité,
Ta menace est un don, et pour la pénitence
    Tu promets l'immortalité.

» Quand un monde finit un autre recommence ;
    Notre amour est comme la foi :
Dieu peut, lui seul, briser le pacte d'alliance
    Qui pour toujours nous lie à toi. »

Le curé dont ces chants frappèrent les oreilles
Croyait ouïr en songe un chœur de Séraphins ;
Il ouvre enfin les yeux et, des hautes merveilles
Descendant, ébloui de splendeurs sans pareilles,
N'entend qu'un pâle écho de tant d'hymnes sans fin.

---

(1) Luc, 10.

Mais c'est assez pour lui, car, sensible et modeste,
Il ne devinait pas, son cœur, son cœur l'atteste,
Ce que de ces honneurs il devait augurer ;
Et quand il vit que lui, pour lui faible conquête !
Etait, pour ses amis, le héros de la fête,
Il leur tendit les bras et se prit à pleurer.

Coulez, coulez sans crainte, ô larmes généreuses !
Vous valez mille fois tant de triomphes vains,
Vous êtes pour nous tous des perles précieuses;
Le monde est, devant vous, digne .... de nos dédains.

V.

Bientôt le bon pasteur d'une cité voisine
Meurt ... quel est donc celui qui le remplacera ?
Jalouse du trésor que la bonté divine,
Pour l'honneur de son nom, à ses besoins livra ;
Notre église, en émoi, craint qu'on ne lui dérobe
Son doux et cher ministre et s'attache à sa robe ...
Le peuple, l'œil en pleurs, accourt dans le parvis ;
Les genoux sur la dalle, et dans les mains un cierge,
Il invoque les saints, les anges et la Vierge ;
A Dieu de son amour il demande le prix.

« Toi que recouvre la lumière,
Comme un magnifique manteau (1),
Qu'un de tes rayons, le plus beau,
Frappe nos fronts dans la poussière !

» Nous ne venons pas demander
Des plaisirs que ta loi réprouve;
Dans le pli de ta main se trouve
Ce que tu peux nous accorder.

(1) *Amictus lumine sicut vestimento.* Ps. cm. 1. 2.

» Que d'autres, jaloux des richesses,
T'adressent de profanes vœux :
Que faut-il pour nous rendre heureux ?
La plus faible de tes promesses.

» Tu nous donnas dans ta bonté
Un pasteur rempli de prudence,
Qui mesure à notre indigence
Sa surhumaine charité.

» Le plus beau des enfans des hommes (1),
Il attire vers lui les cœurs,
Et jamais des accens moqueurs
N'ont flétri celui que tu nommes.

» De la veuve quel est l'appui ?
De l'orphelin quel est le père ?
Qui se prive du nécessaire
Pour le vêtir ? (2) c'est toujours lui ;

» Et c'est lui qui nous sanctifie
Par son exemple et ses leçons ;
C'est lui qui bénit les moissons
Qu'à la terre ta main confie ;

» Près des autels consolateurs
C'est lui qui ramène les filles,
Et les haines de nos familles
Ne divisent plus les acteurs.

» Après toi, c'est la providence
Du hameau que guide son œil :
Sa force d'ame est un cercueil,
Le doigt de Dieu (3) sa récompense.

---

(1) *Speciosus formâ prœ filiis hominum.* **Ps. C. xliv. V. 3.**
(2) *Facit judicium pupillo ... et dat ei victum atque vestitum.*
Deut. C. 10. V. 17. 18.
(3) *Digitus Dei est hic, Exod.* C. 8. V. 19.

» Eh ! bien donc ! cet athlète obscur
Qui préside à nos funérailles,
Méprisant les vaines batailles
Et portant si haut un cœur pur ;

» Cet ange, ce chantre sublime
Qui soulage un cœur abattu,
Qui rend aimable la vertu
Et qui souvent prévient le crime ;

» Que ta droite soit son soutien (1) ;
Et qu'il reste avec ses ouailles
Dont il élargit les entrailles,
Pour ta gloire et pour notre bien ! »

Dieu de ces cœurs peut-il refuser la prière ?
L'apôtre reste au poste où sa main l'a placé ;
Le nœud de tant d'amour, chaque jour, se resserre ;
L'Eglise, de plus fort, s'unit à son fiancé.

On ne le voit pas, lui, placer toute son ame
Dans cet or, qu'à l'envi convoitent les voleurs (2) :
Heureux de notre joie et triste de nos pleurs,
Sur tant de maux cachés il verse le dictame.

« Venez (3), vous, par le mal flétris,
» Emané du divin royaume,
» J'ai pour vous tous, dit-il, un baume
» Par lequel vous serez guéris.

______

(1) *Tenebit te dextera justi mei.* Isaïe, C. 19. V. 2.

(2) *Nolite thesaurizare robis thesauros in terra ... ubi fures effodiunt et furantur.* Matth. C. 6. V. 19. 20.

(3) *Venite ad me omnes qui laboratis et onerati estis, et ego reficiam vos.* Matth. C. 11. V. 28.

» Prenez mon joug sur vous , fidèles ,
» Et veuillez apprendre de moi ;
» Mon joug est aimable.... (1) et ma loi
» Est de vous couvrir de mes ailes (2).

» Vous , quelque nom que vous portiez,
» Pauvres honteux et volontaires,
» Malades vrais, imaginaires ,
» Restes d'hommes (3) , estropiés ;

» En vous je vois les caractères
» De la croix de notre Sauveur ,
» Et trouve pour vous dans mon cœur
» Des élans tout pleins de mystères.

» Du Christ enfant déshérité ,
» Comment expliquer ma tendresse ?..
» J'adore dans votre bassesse
» Sa glorieuse pauvreté » (4).

Quelle puissance l'électrise ,
La voix qui vient de nous parler ?
C'est ce Dieu qui promet d'enseigner à Moïse
Ce qu'il doit dire et révéler :
Lui seul a pu dicter ces touchantes paroles,
Lui seul , maître des cœurs , a pu les consoler
Par de si belles paraboles.

---

(1) *Tollite jugum meum super vos , et discite à me .... jugum enim meum suave est.* Matth. C. 11. V. 30.

(2) *Sub umbra alarum tuarum protege me.* Ps. 16, V. 8.

(3) *Veterum hominum miseræ reliquiæ ,* saint Grégoire de Nazianze.

(4) Bossuet.

Entendit-on jamais de pareils entretiens
Parmi les orateurs et d'Athène et de Rome?
N'est-ce pas de Jésus que les Pharisiens
Ont dit : « Nul ne parla jamais comme cet homme! » (1)

Quelle grâce ingénue et quelle vérité !
    Combien cette éloquence entraîne !
    Au fond de la nature humaine
    Quel immense regard jeté !

Ce regard , comme l'œil du prophète , découvre
    Les droits que le malheur recouvre
    Et le salut dans l'avenir.

Fils du ciel, Pade au ciel veut tous nous réunir ;
Commentaire vivant de l'Evangile , il ouvre
    La bouche ... et c'est pour nous bénir !

Admirez donc cet œil , de son ame interprète ,
Du soleil des esprits miraculeux rayon ,
Cette face inspirée où le ciel se reflète ,
Ce front où la pensée a gravé son sillon !

C'est David , traversant le torrent du Cédron ,
    Marchant sans plainte dans sa voie (2) ;
C'est le roi , devant qui l'Esprit-Saint se déploie ,
    Dans une ardente vision ,
    S'écriant, transporté de joie ,
Que, de Jacob enfin quittant le pavillon ,
    Désormais l'arche d'alliance ,
Fixerait sa demeure , ô sublime espérance !
    Sur la montagne de Sion (3).

---

(1) *Numquàm sic locutus est homo, sicut hic homo.* Joan, 7. 46.
(2) *Ego autem vadam quâ iturus sum.* II. R. 15. 20.
(3) Ps. LXXXVI. 4. 2.

VI.

Quel signe avant-coureur , quel funeste présage
Ont fait vibrer nos cœurs , par la crainte saisis !
La mort veut une proie et n'en veut pas le prix ;
Il lui faut ce front pur , ce radieux visage ,
Et ces yeux qu'elle semble avoir exprès choisis ;
Cette bouche éloquente et ces mains toujours prêtes
A signer du malheur les touchantes requêtes ;
Il lui faut, tout entier , le saint qui sous le faix
    Fléchit, mais jamais ne se lasse ;
    Qu'à la trace de ses bienfaits
Elle suit , nuit et jour , fidèle en sa menace.

Ah ! si les pleurs pouvaient , mort , arrêter tes coups ,
Pade vivrait encore , il serait parmi nous !

Mais les vœux , les sanglots , les prières publiques,
Du pauvre et du pécheur les larmes pathétiques ,
Les cierges allumés sur le quintuple autel ,
Tant de soins vigilans , les pieuses neuvaines ,
Ni lui qui repoussait ce calice cruel
Ne purent prolonger ses heures souveraires :
Et, trop pur pour la terre , (1) il monte dans le Ciel.

Il monte dans le Ciel... laissant pour héritage
    Une bourse vide d'argent ;
Mais dans la Grèce antique on l'eût appelé Sage ;
Il ramassa de l'or , d'un doigt intelligent ,
    Pour un public et saint usage ;
Il apporte à son Dieu le plus beau témoignage ; (2)
    Dites : est-il mort indigent ?

(1) *Quo dignus non erat mundus.* Heb. C. ii. V. 28.
(2) *Laudent eum in portis opera ejus.* Prov. C. 31. V. 31.

Il vécut comme un saint, il meurt comme son Maître,
Car la miséricorde eut son dernier espoir,
    Et son dernier soupir peut-être...

Au céleste banquet avant d'aller s'asseoir,
Il lègue à son ami (1)... ses trésors? Non ; son père,
Comme Jésus à Jean avait légué sa mère : (2)
    Jamais beau jour n'eut plus beau soir.

Qui pourrait exprimer cette morne attitude,
Ce long cri de douleur qui suivit ce trépas !.
Pade mort, Saint-Ambroix n'est qu'une solitude ;
Plus d'espoir, plus de goût, plus d'œuvres, plus d'étude,

Plus ému que David pleurant sur Jonathas,
Que l'orateur ancien célébrant la louange
    Des soldats morts à Marathon,
    Le peuple, en son diapason,
T'honore, tout à l'heure homme, à présent un ange.

Ce peuple qui, toi mort, se plaît à t'appeler,
Ayant pour toi d'un fils les fécondes entrailles,
    Pleure et prie à tes funérailles
    Et ne veut point se consoler.

L'un avait recueilli ton haleine mourante,
Et sur ta lèvre éteinte, en un sublime effort,
    Appliqué sa lèvre vivante,
Espérant dans son sein faire passer ta mort
    Ou te communiquer sa vie :
Gages cruels et doux qu'un père vous envie !
L'autre de tes habits emporte des fragmens,
Dans cent jalouses mains passe ta chevelure,
    Et les cordons de ta chaussure
A l'amour, à la foi servent de monumens.

---

(1) M. l'abbé Pade, vicaire à Nismes.
(2) *Deindè dixit discipulo :* « *Ecce mater tua !* »

De tes traits consacrés le plâtre prend l'empreinte,
Ton image pour tous va se multiplier;
Ton nom, que l'avenir garde de toute atteinte,
Nos enfans apprendront à le balbutier.

En Egypte, autrefois, quand la bouche d'un prêtre
Avait, sur une tombe, exalté le guerrier,
La foule applaudissait, s'il ne fût point un traitre,
Et protestait, s'il fût un félon chevalier.

Quand de notre pasteur, au bord de cette loge
Où tant d'ame et d'esprit vont bientôt s'engloutir,
Un ami de vingt ans eût célébré l'éloge,
Nulle voix ne lui dit qu'il venait de mentir.

Un murmure flatteur s'élève.... instruits ensemble,
   A cette école de la mort,
Et le riche et le pauvre, et le faible et le fort,
   Qu'un même sentiment rassemble
   Dans ce suprême rendez-vous,
Humbles, courbent leurs fronts dans la même poussière
Et, d'un dernier regard caressant cette bière,
   Ils tombent en foule à genoux.

On croyait voir planer l'ame du digne prêtre...
   Les cieux sont soudain dévoilés,
Au milieu des tombeaux le Seigneur va paraître,
   Et tous les cœurs sont ébranlés.

On n'entendit partout qu'un concert de louanges,
Et, dans ce lieu funèbre, aux mystères étranges,
   Où commence l'éternité,
Des chrétiens prosternés les pieuses phalanges
Firent monter à Dieu, sur les ailes des anges,
   Leurs larmes et la vérité.

BAUQUIER

Uzès, Juin 1842.